위기의 마을을 코딩하라!

진 루엔 양 & 마이크 홈스
임백준 옮김

길벗어린이

시크릿 코더 요원들!

호퍼 0111

전학 온 첫날부터 엉망진창이었어.
스테이틀리 아카데미가 유령의 집처럼 섬뜩했거든.
게다가 한심한 녀석들한테 아는 척했다가 한판 붙을 뻔했다니까.
아빠가 집을 나간 뒤, 엄마에게 까칠하게 굴게 됐어.
다정한 에니를 만나면서 서서히 마음을 열게 되었지.

에니 1010

이성적이면서도 다정한 성격이야. 학교 농구 팀 에이스지.
그럴 만도 해. 누나 셋 모두 농구 팀인 데다가 엄마는 대학교 때 농구
선수였고, 아빠도 NBA에 들어갈 뻔했다나. 코딩 실력도 상당해.
학교의 비밀을 파헤치려면 코딩이 필수였거든!
시크릿 코더들의 눈부신 활약을 지켜봐!

조시 1000

친구들에게 기분 나쁜 농담을 자주 던져. 못된 건 아니지만
조금 얄밉달까? 단짝 조쉬가 이사 가고 외톨이가 된 뒤, 호퍼한테
다가가지만 받아주질 않지. 친했던 에니가 호퍼랑 절친이 되자,
호퍼에게 무례하게 굴었거든.
조시는 에니와 호퍼 팀에 낄 수 있을까?

미스터 비

스테이틀리 아카데미의 관리인이야.
아이들을 몹시 싫어하고 괴팍하지만
수상한 학교의 비밀을 알고 있는 유일한 존재이기도 하지.
터틀봇을 관리하고, 2진 코드로 움직이는 버드봇을 조종해.

리틀 가이

미스터 비의 터틀봇 중 하나야. 창고에서 처음 발견됐지.
진짜 이름은 '파스칼 주니어'야. 몸집은 작아도 성능이 엄청나.
등딱지 안에 컴퓨터도 내장돼 있지. 터틀봇들은 '로고(Logo)'라는
전설의 프로그래밍 언어로 소통해.

⚠️ **닥터 원-제로**

음하하하! 초록색 팝, 요건 몰랐지!

>0111
미스터 비의 고백

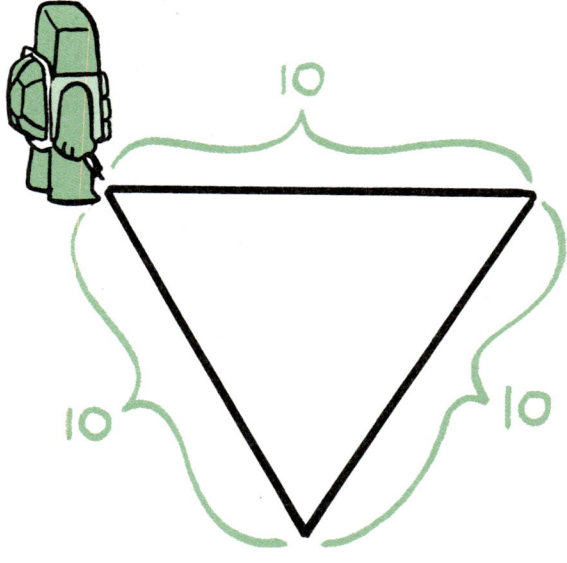

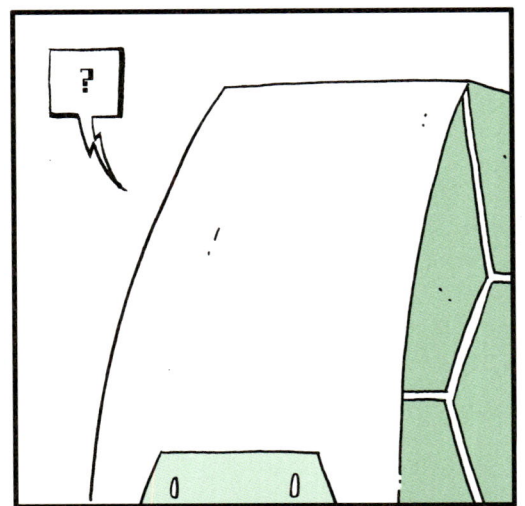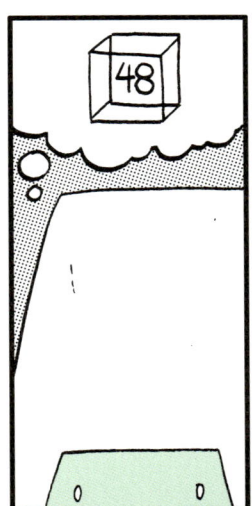

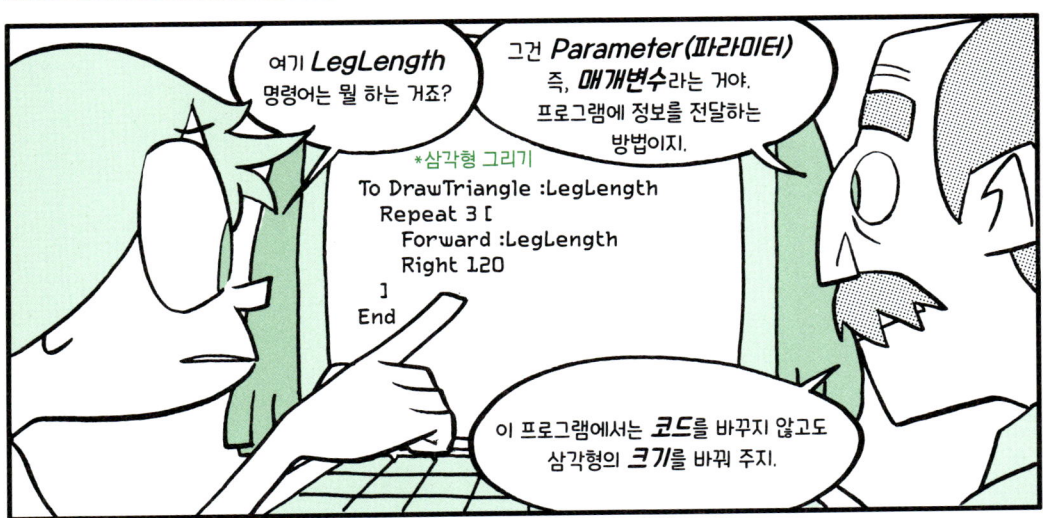

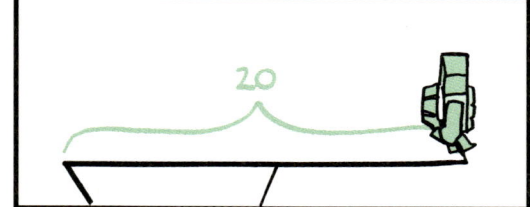

*프루트펀치: 과일들을 잘게 썰어 주스나 과즙을 섞어 만든 음료. 과일화채와 비슷하다.

>1000
원-제로 성의 비밀

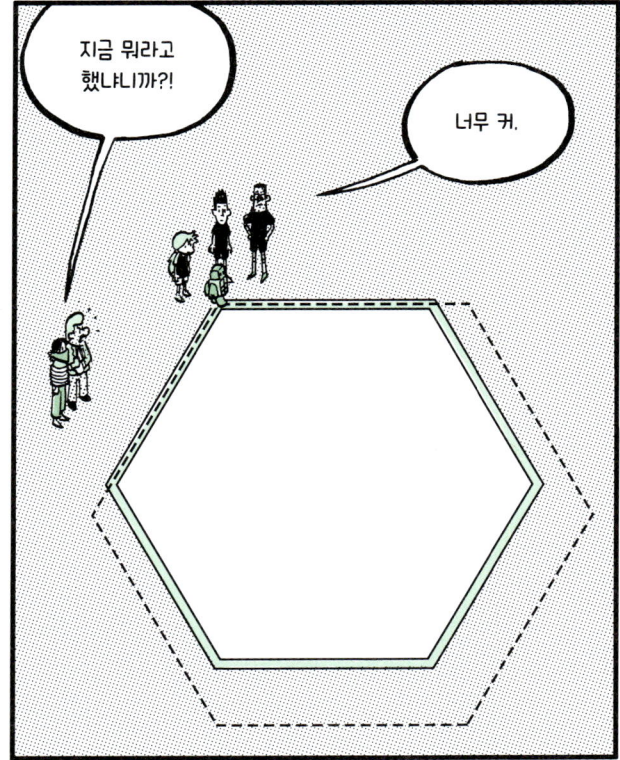

*60마일: 96.56킬로미터 (1마일=1.6093킬로미터)

> 흠…
> 너희를 어떻게 할지 고민해 볼 테니 저쪽에 가서 기다려라.

> 우릴 감옥에 넣으려고요?
> **그렇게는 안 될걸요!**

> 우리 **앵그리캣**을 화나게 하고 싶지 않다면, 제발 조용히 해 다오!

> 저게… **앵그리캣**이라고?!
> 고양이 이름 중에 **가장 이상해!**

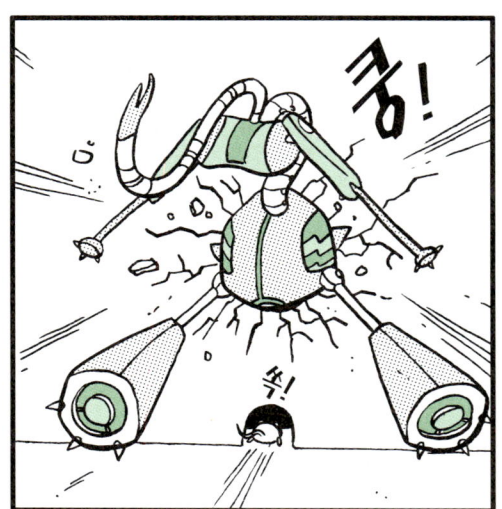

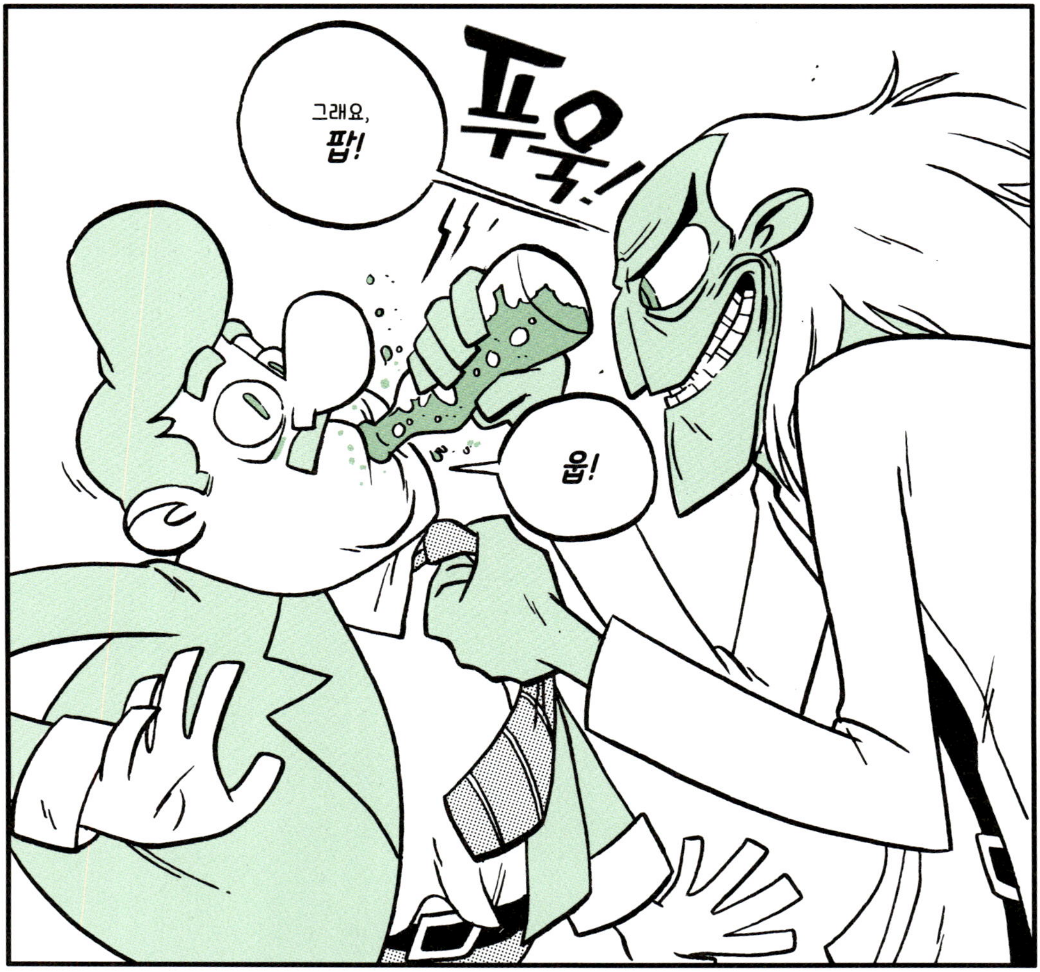

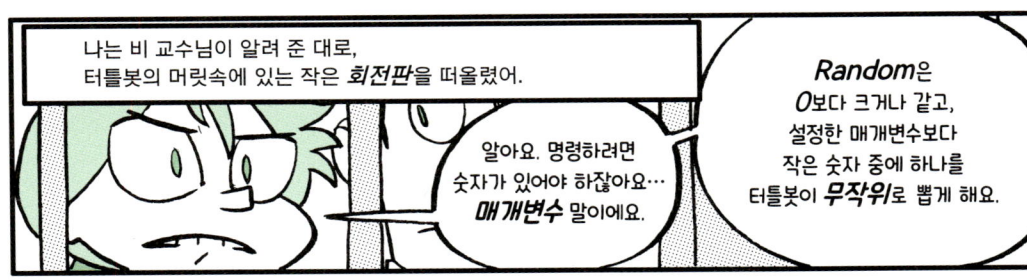

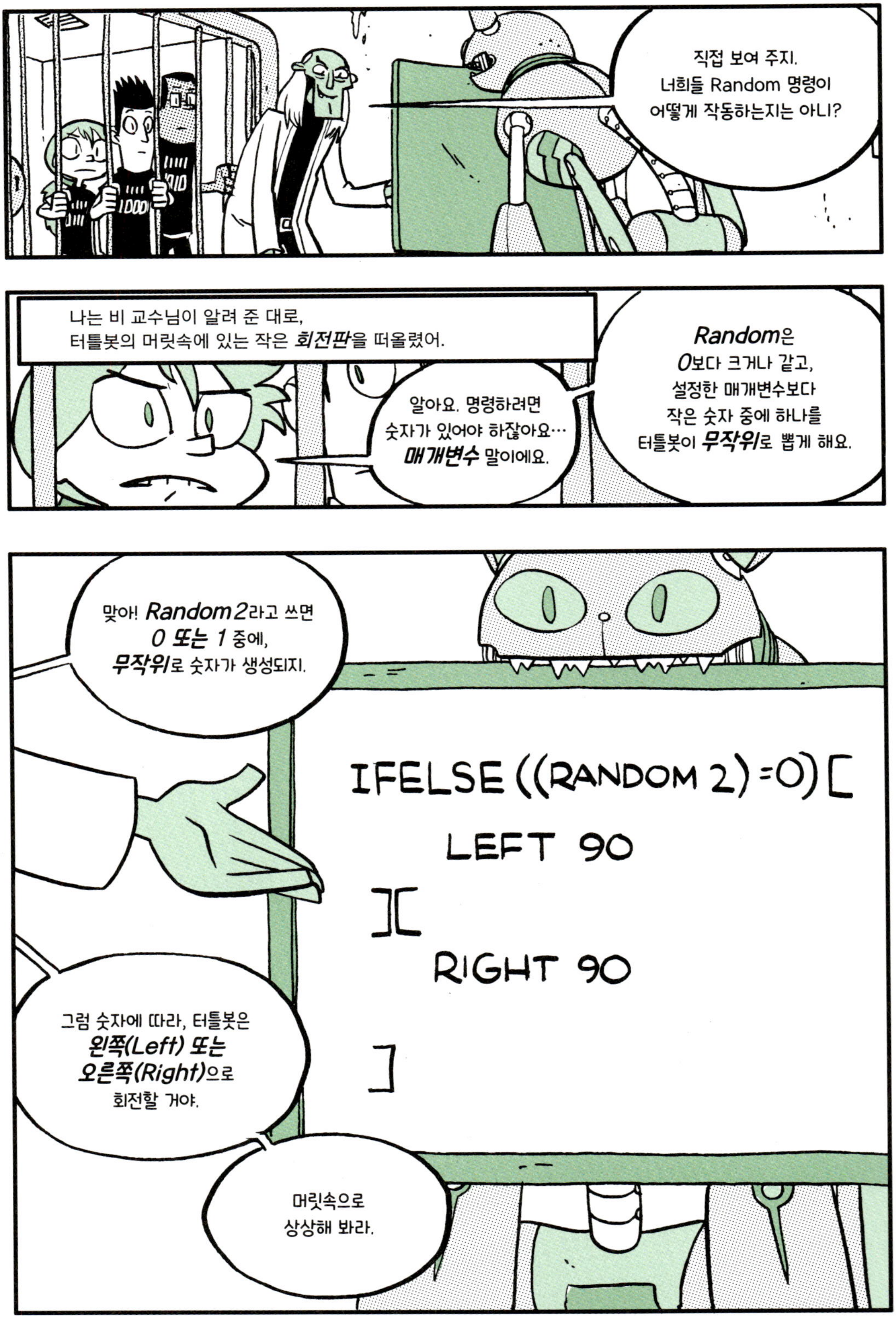

\>1001
플라잉 터틀봇의 공격

젠장, 안 돼!
이제 집에 어떻게 가지!

애들아, 여길 봐!

저기 얘들아, 아까 너네가 말한…

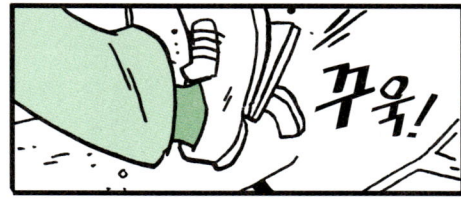

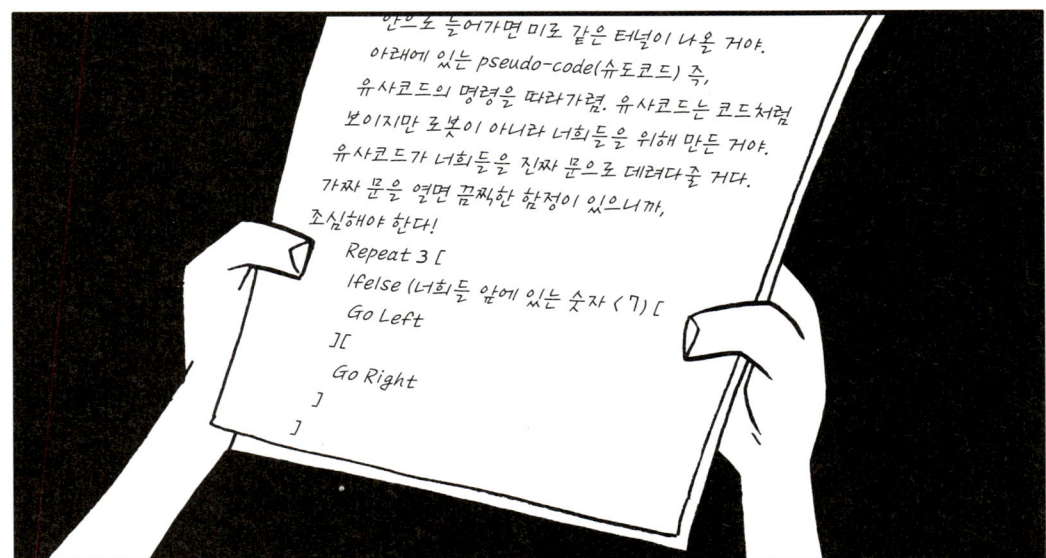

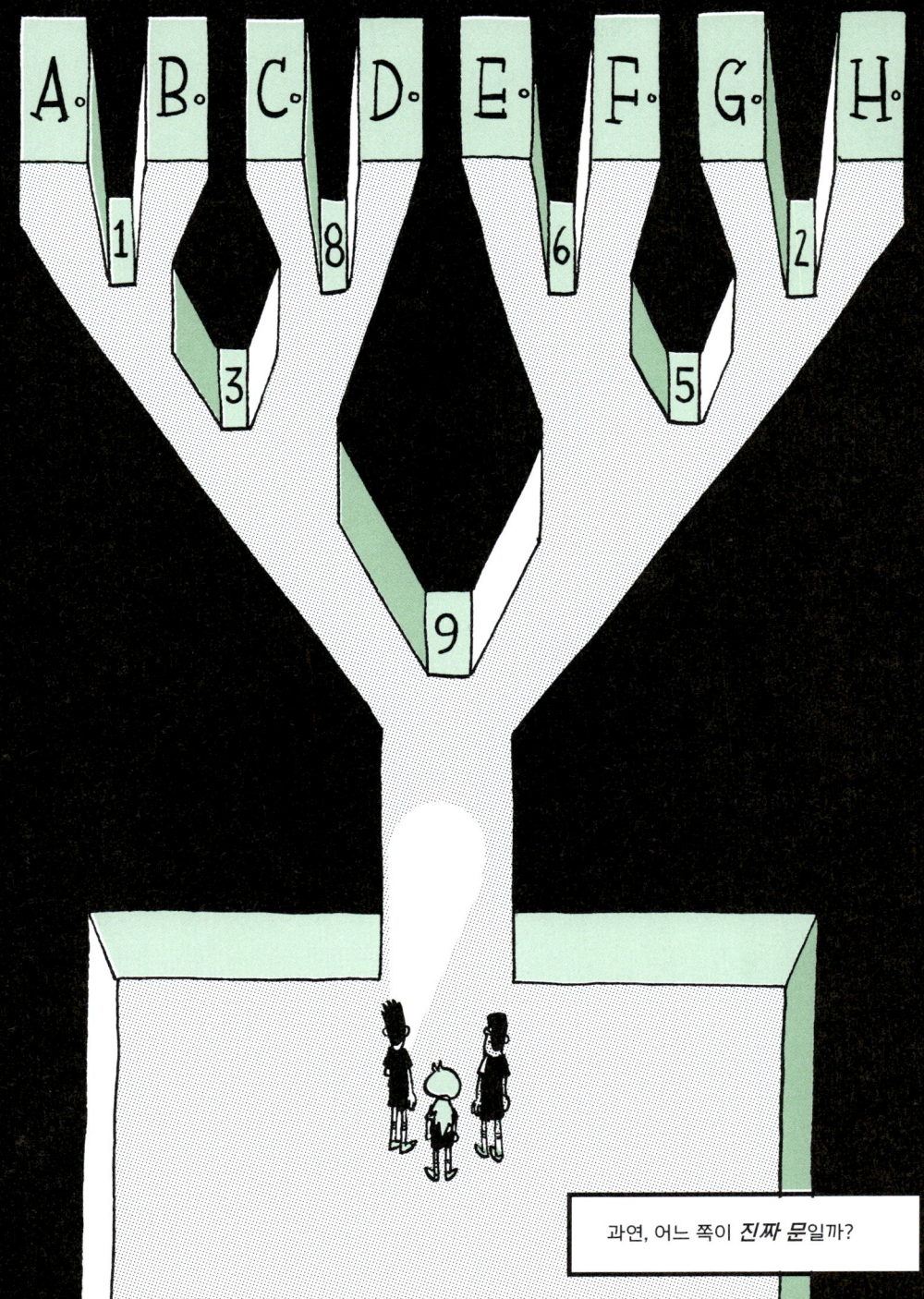

시크릿 코딩 연구실

▶ 시모어 페퍼트 Seymour Papert (1928~2016)

남아프리카 공화국에서 태어난 수학자, 컴퓨터 과학자, 교육학자예요. 프로그래밍 언어인 로고(Logo)를 개발했어요. 페퍼트는 아이들이 컴퓨터를 주입식으로 배우는 게 아니라 능동적으로 익히게 하려는 의도로 로고를 만들었어요. 그는 아이들이 교과 과정이나 한 가지 정답에만 갇히지 않아야 한다고 강조했어요. 또한, 오류는 감춰야 할 대상이 아니라 세계를 창의적으로 이해하는 데 꼭 필요한 과정이라고 생각했지요.

▶ 매개변수 (파라미터, parameter)

프로그램에 정보를 전달하는 방법으로, 두 개 이상의 변수를 간접적으로 표시할 때 사용해요. 리틀 가이에게 코드를 일일이 입력하지 않고, 여러 크기의 삼각형을 시도해 볼 수 있었던 건 바로 매개변수 덕분이지요. 매개변수 프로그램을 실행하려면 반드시 숫자를 입력해야 해요. 로고 프로그램에서 매개변수를 어떻게 입력하는지 18쪽을 펼쳐 보세요!

▶ 조건문 If/Ifelse

조건문은 두 가지가 있어요. If 명령과 Ifelse 명령이지요.
If (만약에 ~라면)명령은 조건이 참(true)이면 명령을 실행하고, 조건이 거짓(false)이면 실행하지 않아요. 반면, Ifelse (만약에~ 아니면)명령은 닥터 원-제로가 설명했듯이(54쪽) 조건이 참(true)이면 첫 번째 구역의 명령이 실행되고, 조건이 거짓(false)이면 두 번째 구역의 명령이 실행된답니다.

▶ 유사코드 (슈도코드, pseudo-code)

슈도(pseudo)란 단어는 '허위, 가짜'라는 뜻이에요. 유사코드는 단어 그대로 흉내내기 코드지요. 얼핏 보면 코드처럼 보이지만 실제로는 프로그램 언어의 문법대로 쓴 코드가 아니라, 프로그래머가 이해하기 쉽게 설명하려고 써 놓은 가짜 코드랍니다. 당연히 컴퓨터 프로그램에서도 실행되지 않지요. 과연, 비 교수는 유사코드로 시크릿 코더들에게 어떤 미션을 내릴 걸까요?
4권을 기대해 주세요!

작가 노트

때는 1984년 여름, 내가 초등학교 5학년을 마칠 무렵이었다.
그때는 학교랑 상관없으면 뭐든지 재미있었다. 따지고 보면, 여름과 학교는 정말이지 안 어울리는 조합이다. 아니, 영원한 적이다! 모두들 내 말에 동의하겠지? 불행히도… 우리 엄마는 그 '모두'에 속하지 않았다. 여름 방학이 시작되고 TV 만화 '볼트론(Voltron)' 시리즈가 한창일 즈음, 엄마는 날 강제로 학교에 보냈다. 난 심화 수업을 서너 개 들어야 했다. 30년이 지난 지금까지 기억하는 건 딱 하나다. 컴퓨터 프로그래밍 입문.
교실에는 컴퓨터가 나란히 놓여 있었다. 당시 컴퓨터는 요즘과는 사뭇 달랐다. 화면에 나오는 이미지는 무조건 초록색이었고, 월드 와이드 웹(WWW, World Wide Web)은 발명되지도 않았다. 데이터는 전부 얇고 까만 플로피 디스크에 저장했고, 컴퓨터에 디스크를 꽂으면 컴퓨터가 헉헉대는 소리가 났다.
하지만 그때도… 컴퓨터는 마법 같았다.
나는 '빌'이라는 녀석과 짝이 되었다. 빌은 나보다 한 살이 많았고, 키가 내 머리 하나 정도 컸다. 녀석은 뭔가를 생각할 때 양 주먹을 맞부딪히는 괴상한 버릇이 있었다. 처음에는 무척 거슬렸는데, 나중에는 그럭저럭 적응했다. 빌은 코딩을 이미 배운 터라 알아서 척척 잘 해냈다. 수학 문제를 풀고, 음악을 연주하고, 말장난까지 즐겼다. 그중 가장 인상 깊었던 건 컴퓨터로 그림을 그리는 것이었다. 빌은 명령어 몇 개만으로 복잡하고 환상적인 문양을 만들어 냈다. 불꽃놀이 같기도 하고, 눈 내리는 이국적인 풍경 같기도 했다. 빌이 마법사처럼 보였고, 나도 빌처럼 되고 싶었다.
여름 보충 수업이 끝날 무렵, 마침내 간절한 바람이 이뤄졌다. 나는 무한대로 결합하는 간단한 명령어들로 여러 작업을 해냈다. 때마침 부모님이 컴퓨터를 사 주셨고, 나는 여름 방학 동안, 더 이상 볼트론을 찾지 않았다.
코딩은 창의적이고 강력하다. 코딩은 언어를 그림이나 동작으로 바꾸는 마법이다. 이제는 놀랍고도 강력한 이 마법을 여러분과 나누고 싶다. 〈시크릿 코더〉와 함께 여러분도 마법을 부리는 코더가 될 수 있길! 해피 코딩!

진 루엔 양

번역자 노트

우리나라를 비롯해 세계 곳곳에서 '소프트웨어 교육'이 열띠다.
인공지능, IoT, 클라우드로 이루어질 미래에는 코딩, 즉 소프트웨어적으로 사고하는 능력이 중요하다. 코딩은 더 이상 진학이나 취업만을 위한 도구가 아니다. 코딩은 21세기를 살아가는 사람이 반드시 지녀야 할 '교양'이다. 앞으로 소프트웨어와 인공지능이 우리 삶의 모든 부분에서 도움을 줄 것이고, 우리는 컴퓨터가 사고하는 방식을 이해해야만 한다.
그렇다면 아이들에게 어떻게 컴퓨팅 사고력을 가르칠까? 다들 '컴퓨팅 사고를 키워야 한다.'는 말에 수긍하지만, '어떻게 가르칠까?'라는 질문에는 쉽게 답하지 못한다.
특정한 프로그래밍에만 집착하면 본질에서 멀어지고, 유연한 사고를 해칠 수 있다. 그렇다고 실전 없이 컴퓨터과학의 원리, 자료 구조, 알고리즘만 강조해도 아이들의 흥미를 이끌어 내지 못한다.
컴퓨터 프로그래밍에서 가장 중요한 요소는 논리적으로 생각하는 능력이다. 어릴 때부터 퍼즐, 독서, 게임 등을 접하다 보면 자연스럽게 논리적 사고를 키울 수 있다.
진 루엔 양과 마이크 홈스가 쓰고 그린 〈시크릿 코더〉 시리즈는 '본질'과 '흥미' 두 마리 토끼를 모두 잡는 데 성공했다. 엉뚱한 모험 이야기 속에서 흥미롭게 컴퓨팅 사고로 접근하는 작가의 솜씨가 기발하다. 또한 주인공 호퍼와 에니를 비롯해 등장인물은 모두 개성이 넘친다.
독자들은 〈시크릿 코더〉를 읽는 순간, 호퍼와 에니가 되어 컴퓨팅 사고력과 컴퓨터과학을 흥미롭게 배울 수 있다.
꾸준히 책을 써 왔지만, 우리말로 옮기는 작업은 처음이라 만만치 않았다. 번역하는 과정에서 많은 도움을 준 백승온 님, 함예림 님께 고마움을 전한다. 어색하거나 부정확한 표현이 있다면 전적으로 내 탓이고, 재미있는 표현을 만났다면 이들 덕분이다. 아울러 재밌고 뜻깊은 책과 인연을 맺어 준 길벗어린이 출판사에도 고마움을 전한다.
만화를 좋아하는 아이들, 컴퓨팅 사고력을 어떻게 가르칠지 막막했던 부모와 교사들에게 〈시크릿 코더〉 시리즈를 격하게(?) 권하고 싶다. 호퍼와 에니가 활약하는 흥미진진한 모험 속으로 함께 떠나 보자!

임백준

친구들에게 보내는 시크릿 메시지!

다음의 비밀 메시지를 코딩해 보세요.
로고를 설치하는 방법과 시크릿 메시지 결과는 www.gilbutkid.co.kr에서 확인하세요!

PenDown
Repeat 2 [
　Right 180
　Repeat 3 [
　　Repeat 2 [
　　　Forward 25
　　　Right 90
　　　Forward 45
　　　Right 90
　　]
　　Forward 25
　]
]
Right 90
Forward 40
Left 90
Forward 70
Left 90
Forward 80
Left 90
Forward 70
Left 90
Forward 40
Left 90
PenUp
Forward 30
Left 90
Forward 20
PenDown
Arc 360 10
PenUp
Back 40
PenDown
Arc 360 10
PenUp
Forward 20
Left 90
Forward 30
Right 90
Forward 45
Left 90
Forward 30
PenDown

Right 90
Arc 90 20
Left 90
Forward 65
Back 20
Arc 90 20
Right 90
PenUp
Forward 20
PenDown
Right 90
Forward 45
PenUp
Right 90
Forward 20
Left 90
Forward 20
Right 90
Forward 90
Right 90
Forward 20
Left 90
PenDown
Arc -90 20
Right 90
Forward 65
Back 20
Arc -90 20
Left 90
PenUp
Forward 20
Left 90
PenDown
Forward 45
PenUp
Left 90
Forward 20
Left 90
Foward 45
Right 90
Forward 45
Left 90
PenDown

Forward 60
Right 90
Forward 45
Back 10
Arc 90 10
Right 180
Forward 80
Back 10
Arc -90 10
Left 90
PenUp
Forward 10
PenDown
Forward 50
Left 90
Forward 70
Left 90
Forward 50
PenUp
Right 180
Forward 230
Right 90
Forward 130
Label [HAPPY]
Right 90
Forward 20
Label [CODING!]
Right 90
Forward 10
Right 90
Forward 10
Right 90
PenDown
Repeat 2 [
　Forward 50
　Right 90
　Forward 70
　Right 90
]
Right 225
Forward 40
HideTurtle

〈시크릿 코더〉를 더 깊게 파헤치고 싶다면?
지금 당장 www.gilbutkid.co.kr을 접속하라!

Click!

기본 정보는 물론, 핵심 개념별 미리보기와
응용 예제 코드 제공!

로고 프로그램 설치 방법과 함께
코딩 게임, 퍼즐을 무료로 다운!

우선,
홈페이지 왼쪽
배너 클릭!

작가 진 루엔 양이 직접
설명해 주는 코딩 수업 영상!

영어 사이트 www.secret-coders.com로 연결!

시크한 녀석들의
프로그래밍 수사대!
(전 6권)

❶ 수상한 학교를 코딩하라!
❷ 비밀의 출입구를 코딩하라!
❸ 위기의 마을을 코딩하라!
❹ 가장 강력한 터틀봇을 코딩하라!
❺ 새로운 세상을 코딩하라!(근간)
❻ 몬스터를 코딩하라!(근간)